Inhalt

Mitarbeiterpotenziale heben – denn führen heißt entwickeln

Kernthesen

Beitrag

Fallbeispiele

Weiterführende Literatur

Impressum

Mitarbeiterpotenziale heben - denn führen heißt entwickeln

Robert Reuter

Kernthesen

- Studien zeigen, dass überraschend viele Unternehmensmitarbeiter demotiviert sind und Dienst nach Vorschrift verrichten.
- Führungskräften stellt sich damit die Aufgabe, für Motivation zu sorgen und so verschüttete Potenziale zu heben.
- Eine denkbare Maßnahme ist das Führungsexperiment, das bei der Unternehmensleitung jedoch einiges Vertrauen in die Fähigkeiten der Belegschaft voraussetzt.

Beitrag

Ungehobene Potenziale

Führungskräfte stehen prinzipiell vor der Aufgabe, aus ihren Mitarbeitern das Beste "herauszuholen", das heißt, ihre Potenziale zu heben. Dies scheint jedoch nicht zu gelingen. Laut einer Gallup-Umfrage des vergangenen Jahres leisten 66 Prozent der befragten Arbeitnehmer lediglich Dienst nach Vorschrift. Zudem haben sie eine nur geringe emotionale Bindung an ihr Unternehmen. 21 Prozent der Befragten gaben an, innerlich so gut wie gekündigt zu haben. Lediglich 13 Prozent identifizierten sich mit der Firma und bezeichneten sich selbst als leistungsbereit. Damit muss konstatiert werden, dass zwei Drittel der Arbeitnehmer ihr Potenzial dem Unternehmen nicht zur Verfügung stellen.

Weitere Studien versuchen, den Zusammenhang zwischen dem Grad der Nutzung von Mitarbeiterpotenzialen und den Unternehmensergebnissen zu dokumentieren. Demnach soll das Betriebsergebnis in Unternehmen mit einer wenig engagierten Belegschaft um 33 Prozent sinken, während motivierte Mitarbeiter die

Ergebnisse um 19 Prozent in die Höhe schnellen lassen. Als Gründe für ihre geringe Motivation nannten die befragten Arbeitnehmer mangelnde Wertschätzung, Termindruck, Erreichbarkeitszwang und Informationsüberflutung. (1)

Kritik am Führungspersonal

Die Führungsforschung zieht aus diesen Befragungsergebnissen den Schluss, dass sich Führungskräfte immer noch zu wenig um ihre Mitarbeiter kümmern. Zentrale Bedürfnisse und Erwartungen der Arbeitnehmer würden oft einfach ignoriert. Da das Verhalten der Führungskräfte aber ein zentraler Faktor für den Grad der emotionalen Bindung von Mitarbeitern an das Unternehmen darstelle, flüchteten diese in die innere Emigration. (2), (8)

Schwierige Motivationsforschung

Gleichwohl bleibt die Erforschung der Gründe für Motiviertheit oder Demotiviertheit ein schwieriges Feld. Fest steht, dass die Theorien zur Arbeitsmotivation immer von den jeweiligen Arbeitsformen, dem Stand der Wissenschaft und vom vorherrschenden Menschenbild abhingen. So wurde schon relativ kurze Zeit nach der Industrialisierung klar, dass sich Motivation nur unzureichend durch ein System von Belohnung und Bestrafung erreichen lässt. Schon im 19. Jahrhundert, als es in Fabriken und Manufakturen noch zuging wie im Straflager, setzte sich darum die Erkenntnis durch, dass unzufriedene Fabrikarbeiter beruhigt werden können, wenn man ihnen zuhört und ihre Bedürfnisse ernst nimmt. Auch die Bedeutung von Lob und Anerkennung wurde erkannt. Verwunderlich ist damit, dass heutige Mitarbeiter immer noch das Fehlen genau dieses Umgangs bemängeln. (3)

Motivation 3.0: Befriedigung durch die Tätigkeit selbst

Wer sich durch seine Arbeit nicht genügend belohnt sieht, befindet sich in einer sogenannten Gratifikationskrise. Der frühere Schluss, dass schon ein höheres Gehalt dieses Mangelgefühl mindern könnte, gilt heute aber als überholt. In aktuellen Publikationen wird stattdessen darauf hingewiesen, dass es meist die Arbeit selbst ist, die den Mitarbeiter zufrieden oder unzufrieden stimmt. Verkürzt ausgedrückt heißt die Gleichung demnach: Wer in einem spannenden Projekt aufgeht, der muss nicht jeden Tag hören, wie wichtig er für das Unternehmen ist. Zudem habe derjenige, der auf Selbstbestimmtheit und Sinnerfüllung ausgerichtet ist, ein höheres Selbstwertgefühl als jene, die äußere Anreize bräuchten. Dieser - auch nicht ganz neue - Ansatz wird in der Literatur verbunden mit dem Begriff "Motivation 3.0". (3)

Was ist eigentlich "Potenzial"?

So schwierig es ist, über den Grad der Motiviertheit eines Menschen stichfeste Aussagen zu machen, so vielschichtig ist auch der Begriff "Potenzial". Schon die Definition erweist sich als kompliziert. Manche Wissenschaftler sehen im Potenzial etwas, was vorhanden ist, aber nicht genutzt wird. Andere verstehen das Potenzial als etwa grundsätzlich Angelegtes, das jedoch noch gar nicht vorhanden ist. Abseits von Definitionsproblemen werden in der Unternehmenspraxis jedoch schon vielfältige Maßnahmen angewendet, die dem Ziel der Potenzialentfaltung dienen sollen. Unterschieden wird zwischen Maßnahmen zur Potenzialerkennung (Assessment-Center, Management-Audit oder Persönlichkeitstests), zur Potenzialentwicklung (Coaching, Mentoring, Trainee-Programme) und zur Potenzialförderung (Karriere- und Laufbahnplanung, Mitarbeitergespräche, Personalentwicklungsmaßnahmen). (1)

Leadership 2.0: Führen heißt entwickeln

Nicht genügend geschätzt fühlen sich Mitarbeiter auch dann, wenn sie gleichförmige Arbeit verrichten müssen, ohne Aussicht auf Abwechslung und neue Aufgaben. Führen heißt darum heute (wenn auch augenscheinlich in erster Linie in der Fachliteratur), den Mitarbeiter zu fördern und so sein ganzes Potenzial zu erschließen. Der Begriff "Leadership 2.0" bedeutet die Einsicht, dass die Talente und Fähigkeiten von Mitarbeitern systematisch weiterentwickelt werden müssen, um die Arbeitszufriedenheit zu steigern und so die Qualität der Belegschaft und damit der ganzen Firma zu erhöhen. Die Voraussetzungen, die Führungskräfte hierfür mitbringen müssen, heißen Reflexionsfähigkeit, Vertrauen und Wertschätzung. (2)

Mut zum Experiment

Als eine weitere Maßnahme zur Potenzialentwicklung gilt das Führungsexperiment. Experimente unterscheiden sich vom klassischen Projektdenken, da sie sich ergebnisoffen vollziehen. Sie erfordern allerdings den Mut des Managements, weil es sich hierbei auf einen Prozess mit unbekanntem Ende einlassen muss. Ein solches - aus der Sicht der Firmenleitung sicherlich gewagtes - Experiment ist es, ausgewählte Filialen oder Abteilungen während eines Jahres autonom ohne Zielvorgaben und Budgets arbeiten zu lassen. Die beteiligten Mitarbeiter müssen dann Verantwortung übernehmen und dürfen sich zugleich wie Unternehmer fühlen. (1)

Kollektive Intelligenz nutzen

Um verstecktes Wissen und Können ans Tageslicht zu bringen, müssen Führungskräfte "loslassen können", den Mitarbeitern etwas zutrauen und Freiräume gewähren. Nur so lässt sich das Wissen aller für das Unternehmen nutzbar machen, die sogenannte "Schwarmintelligenz". Der Soziologe Niklas Luhmann glaubt, dass die einzige Chance im Umgang mit Komplexität darin bestehe, den am Arbeitsprozess Beteiligten zu vertrauen. Anstatt auf zentrale Kontroll- und Regelwerke sollte die Führung daher auf die Kontrolle durch das Kollektiv beziehungsweise die Selbstkontrolle setzen. (1)

Honorierung von Ergebnis statt Präsenz

Die Gewährung von Eigenverantwortung ist damit ein zentrales Element bei der Aufdeckung von Mitarbeiterpotenzialen. Hierfür sollten Führungskräfte auch darüber nachdenken, welche Ketten sie ihren Mitarbeitern abnehmen können. Experten empfehlen beispielsweise, statt der Anwesenheit zu bestimmten Zeiten besser die Ergebnisse und Leistungen des Mitarbeiters zu kontrollieren. So erhält er Freiräume bei der Arbeitsaufteilung, die schon alleine dazu führen können, dass er motivierter zu Werke geht und versteckte Fähigkeiten zeigt. (1)

Trends

Zweifel an der Zielvereinbarung

Zielvereinbarungen sind ein in der Unternehmenspraxis häufig genutztes Führungsinstrument, das Mitarbeiter zu höherer Leistung motivieren soll. Eine Studie des letzten Jahres lässt allerdings Zweifel am Wert der Gespräche aufkommen. Nur 27 Prozent der befragten Mitarbeiter konnten die vereinbarten Ziele spontan nennen. Zudem wurde dem Fehlen von Zielvereinbarungen meistens keine Bedeutung zugeschrieben, was nichts anderes heißt, als dass sie als überflüssig empfunden werden. Bei den befragten Führungskräften fiel das Ergebnis nur wenig besser aus. Hier hatten 51 Prozent die vereinbarten Ziele im Kopf. (4), (5)

Fallbeispiele

Erfolg durch Teamgeist

Der Personaldienstleister Atrias setzt auf Teamgeist und einen hierarchieübergreifenden, partnerschaftlichen Umgang. Gelebt wird diese Unternehmenskultur durch die Arbeit in bereichs-, hierarchie- und standortübergreifenden Projektgruppen. Laut Atrias wird so Betriebsblindheit vermieden. Darüber hinaus schlägt sich die Vernetzung von Wissen und Kompetenzen in einer deutlich höheren Ergebnisqualität nieder. (6)

Motivation durch immaterielle Anreize

Untersuchungen haben gezeigt, dass auch bei Führungskräften nicht so sehr die Höhe des Gehaltes für Motivation sorgt, sondern immaterielle Anreize wie die Kommunikation von Karrieremöglichkeiten, die Reputation des Arbeitgebers und ausreichende Entscheidungsfreiheit. Im Vergleich mit den Kollegen indessen ist die faire Vergütung immer noch eines der wichtigsten Instrumente bei der Bindung der Führungskraft an das Unternehmen. (7)

Weiterführende Literatur

(1) zutrauen | loslassen | experimentieren
aus ZFO - Zeitschrift Führung und Organisation
04/2011, S.212

(2) Deutschland, Deine Führungswüsten? Ein Plädoyer für Selbstverständlichkeiten
aus wissensmanagement, Heft 3/2011, S. 10-12

(3) Inflation der Anerkennung
aus brand eins, Heft 05/2011, S. 88-91

(4) Partizipative Zielvereinbarungen
aus ZFO - Zeitschrift Führung und Organisation
04/2011, S.238

(5) Verantwortung übernehmen
aus Personal Nr. 7 vom 30.06.2011 Seite 050

(6) Eine starke Gemeinschaft bilden
aus PERSONALmagazin, Heft 08/2011, S. 28

(7) Gerecht und motivierend

aus ZFO - Zeitschrift Führung und Organisation
04/2011, S.230

(8) Führung im Wandel
aus OrganisationsEntwicklung Nr. 03 vom 22.07.2011
Seite 090

Impressum

Mitarbeiterpotenziale heben - denn führen heißt entwickeln

Bibliografische Information der deutschen Nationalbibliothek

Die Deutsche Nationalbibliothek verzeichnet diese Publikation in der deutschen Nationalbibliografie; detaillierte bibliografische Daten sind im Internet über http://dnb.d-nb.de abrufbar.

ISBN: 978-3-7379-0248-9

© 2015 GBI-Genios Deutsche Wirtschaftsdatenbank GmbH, Freischützstraße 96, 81927 München, www.genios.de

Alle Rechte vorbehalten. Dieses Werk ist einschließlich aller seiner Teile – z.B. Texte, Tabellen und Grafiken - urheberrechtlich geschützt. Jede Verwertung außerhalb der Grenzen des Urheberrechtsgesetzes bedarf der vorherigen Zustimmung des Verlags. Dies gilt insbesondere auch für auszugsweise Nachdrucke, fotomechanische Vervielfältigungen (Fotokopie/Mikroskopie), Übersetzungen, Auswertungen durch Datenbanken oder ähnliche Einrichtungen und die Einspeicherung und Verarbeitung in elektronischen Systemen.